キミも運動ができるようになる

1 徒《と》競《きょう》走《そう》、幅《はば》とび、垂《すい》直《ちょく》とび ほか

プロローグ

運動《うんどう》が得意《とくい》な人と苦手《にがて》な人、この違《ちが》いは、何なのか？

運動《うんどう》が得意《とくい》な人がいます。速《はや》く走れて、高く、遠くにとぶこともできます。

逆《ぎゃく》に、運動《うんどう》が苦手《にがて》な人もいます。走るのが遅《おそ》く、上手にとびはねることができません。

この違《ちが》いは、何なのでしょうか？

答えは、実《じつ》に簡単《かんたん》――。

速《はや》く走るため、もしくは高く遠くへとぶためのカラダの動《うご》かし方を、体得《たいとく》しているかしていないかの違《ちが》いなのです。

運動神経《うんどうしんけい》がいい。

そう言われる人は、運動《うんどう》に適《てき》したカラダの動《うご》かし方を、無意識《むいしき》のうちに身《み》につけています。

逆《ぎゃく》に運動神経《うんどうしんけい》が鈍《にぶ》いと言われている人は、無意識《むいしき》のうちには、それを身《み》につけてはいないのです。

でも、運動《うんどう》に適《てき》したカラダの動《うご》かし方は、いまからでも身《み》につけられます。

いかにしてカラダを動《うご》かせば、速《はや》く走れるのか？

いかにしてカラダを弾《はず》ませれば、高く遠くへとべるのか？

これを知り、練習《れんしゅう》をして体得《たいとく》できた時、あなたは

「運動《うんどう》が得意《とくい》な人」に変身《へんしん》しているはずです。

あきらめずにトライし続《つづ》ければ運動能力《うんどうのうりょく》は必《かなら》ず身《み》につく！

実《じつ》は、この本を書いている私《わたし》も、小学生、中学生のころ、足の遅《おそ》い子どもでした。いろいろなスポーツをやっても、あまり上手にできませんでした。

そのことが悲《かな》しくはあったのですが、「まあ、仕方《しかた》ないな」とあきらめていました。

でも、スポーツはやるのも観《み》るのも大好《だいす》きです。だから大人になって、プロスポーツから学校体育《たいいく》の現場《げんば》まで幅広《はばひろ》く取材《しゅざい》するスポーツジャーナリストになりました。

それから30余年《よねん》の間、さまざまな現場《げんば》で取材《しゅざい》をし「運動神経《うんどうしんけい》の正体」に気づいたのです。そして、思いました。

「子どものころに、これを知っていたら……」と。

この本で紹介《しょうかい》するのは、長年にわたり私《わたし》が陸上競技《りくじょうきょうぎ》の指導現場《しどうげんば》で学んだことを、初心者《しょしんしゃ》向けにアレンジしたものです。

速《はや》く走るために必要《ひつよう》なことは、効率《こうりつ》の良《よ》いカラダの動《うご》かし方に気づくこと。

すぐに気づける人もいれば、時間がかかる人もい

ます。

時間がかかってもいいのです。他人《たにん》と競《きそ》う必要《ひつよう》はありません。大人になるまでの間、時間は十分にあります。

あきらめずに取《と》り組《く》み続《つづ》けてください。あなたは必《かなら》ず運動能力《うんどうのうりょく》を高めることができます。

＊本書によく出てくる大切な用語

肩甲骨《けんこうこつ》とは……

左右の肩《かた》の部分《ぶぶん》にある三角形状《じょう》の骨《ほね》のこと。肩甲骨《けんこうこつ》のなめらかな動《うご》きは、走ったり、とんだりする際《さい》にはもちろんのこと、運《うん》動能力《どうのうりょく》アップには不可欠《ふかけつ》だ。

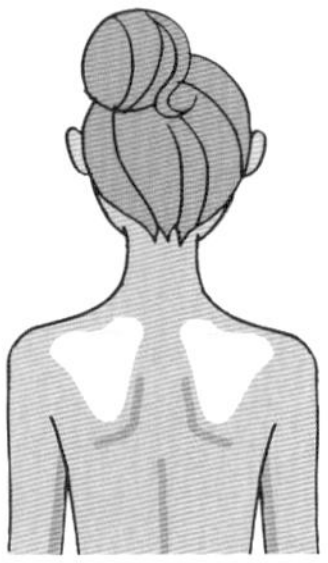

体幹《たいかん》とは……

カラダの幹《みき》となる部分《ぶぶん》、胴体《どうたい》のこと。走ったりジャンプしたりする際《さい》には、手や足の力に頼《たよ》ることなく、腹筋《ふっきん》を意識《いしき》して体幹《たいかん》を活用することが重要《じゅうよう》になる。

目次

ウォームアップ

~トレーニングを始《はじ》める前にストレッチでカラダをほぐそう~

運《うん》動《どう》を始《はじ》める前には、しっかりとカラダの準備《じゅんび》をしておきましょう。ストレッチでカラダをほぐしておくことで、パフォーマンスがアップ！　つまり、動《うご》きがよくなります。また、ケガも防《ふせ》げるのです。

1 おしりのストレッチ

床《ゆか》に座《すわ》り、立てた右ヒザを両腕《りょううで》で抱《かか》え手前に引きつけます。おしりの右側《みぎがわ》の筋肉《きんにく》を伸《の》ばすことができます。左右逆《ぎゃく》パターンもやってみましょう。

2 足のストレッチ

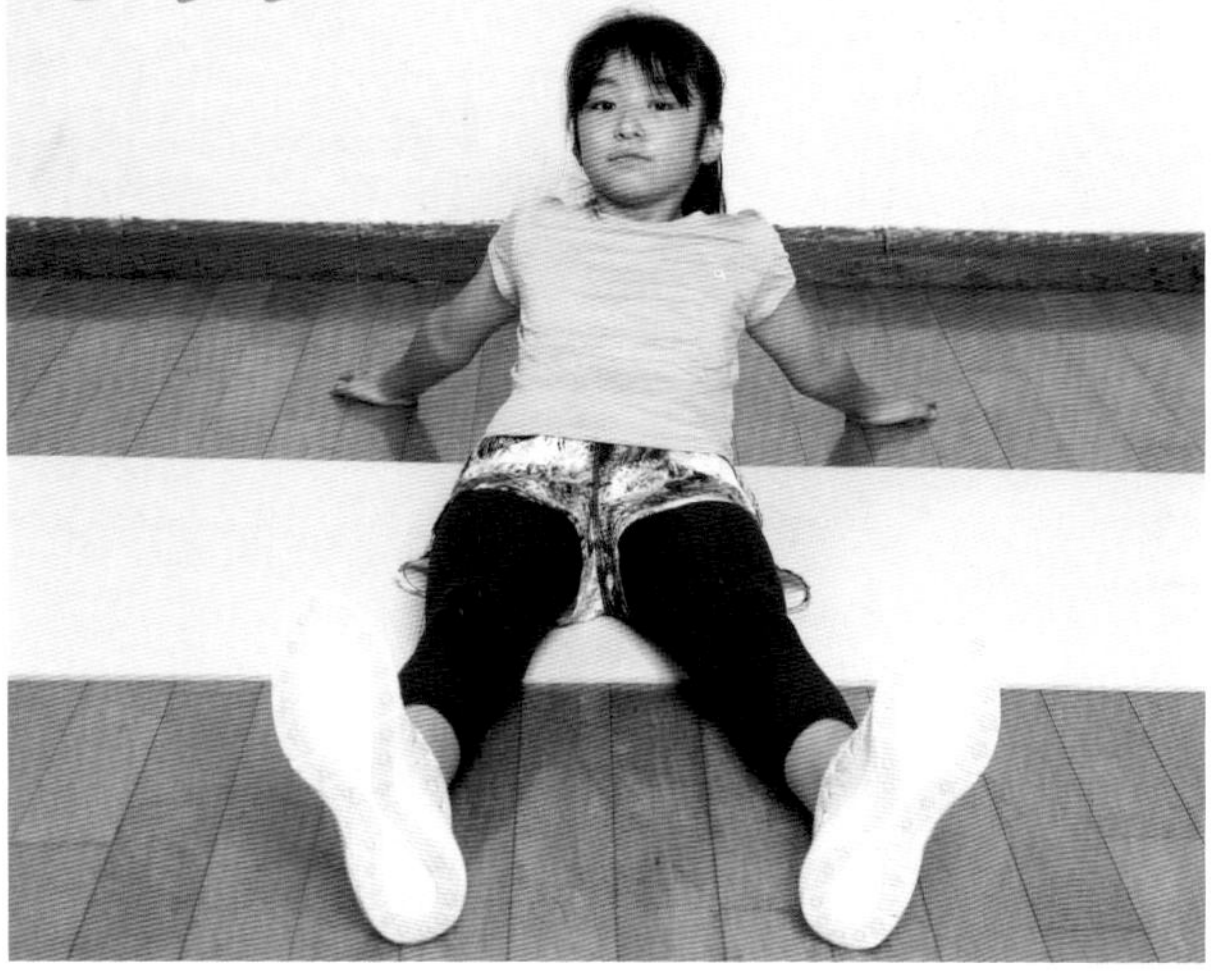

床《ゆか》に座《すわ》り、両足《りょうあし》を伸《の》ばします。また、ヒジを伸《の》ばして両手《りょうて》を後ろにつきます。この姿勢《しせい》で静止《せいし》すると、胸《むね》の筋肉《きんにく》をしっかりと伸《の》ばすことができます。

3 股関節《こかんせつ》のストレッチ

開脚姿勢《かいきゃくしせい》から上半身《じょうはんしん》を前に倒《たお》します。ヒザは曲《ま》げないように注意《ちゅうい》。胸《むね》が床《ゆか》に着《つ》かなくても、できる範囲《はんい》でやってみましょう。

4 フラミンゴ

（背中《せなか》&太もも前面《ぜんめん》のストレッチ）

左腕《ひだりうで》を真《ま》っすぐ上に伸《の》ばし、右手で右足のつま先を持《も》ちます。この姿勢《しせい》を 15 秒《びょう》間キープ。左右逆《ぎゃく》パターンもやってみましょう。

〈横《よこ》から見ると……〉

5 股関節《こかんせつ》&背中《せなか》のストレッチ

〈前から見ると……〉

足を大きく前後に開《ひら》き、右腕《みぎうで》を真《ま》っすぐ上に伸《の》ばします。視線《しせん》は正面《しょうめん》に向《む》け、この姿勢《しせい》を 15 秒《びょう》間キープ。左右逆《ぎゃく》パターンもやってみましょう。

6 伸脚《しんきゃく》

（股関節《こかんせつ》&太もも後面《こうめん》のストレッチ）

右足を真《ま》っすぐに伸《の》ばして、しゃがみます。足の裏側《うらがわ》をしっかりと伸《の》ばします。左右逆《ぎゃく》パターンもやってみましょう。

7 スイング

（股関節《こかんせつ》のストレッチ）

真《ま》っすぐに立ち、左足を前後に大きく振《ふ》ります。後方に足をスイングさせる際《さい》には、太ももの前側《まえがわ》も伸《の》ばせます。左右逆《ぎゃく》パターンもやってみましょう。

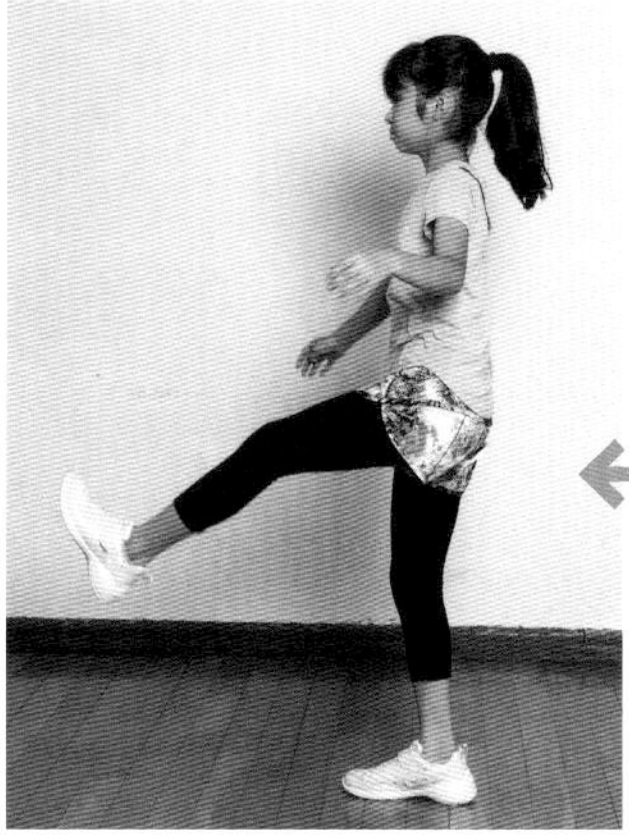

↔

8 屈伸《くっしん》

（ヒザ&太もも後面《こうめん》のストレッチ）

ヒザの曲《ま》げ伸《の》ばしも、しっかりとやっておきましょう。太ももの裏側《うらがわ》を伸《の》ばすだけではなく、ヒザ周《まわ》りも柔軟《じゅうなん》にしていきます。

↔

トレーニング

1

〈走る！〉

軸《じく》を意識《いしき》して真《ま》っすぐに立つ

まずは、真《ま》っすぐに立ってみましょう。実《じつ》は、「正しく立つ」という基本的《きほんてき》なことをできていない人が少なくありません。あなたは、重力《じゅうりょく》に負《ま》ける感《かん》じで腰《こし》を落《お》として背中《せなか》を丸めていませんか？　あるいは、カラダを左右に傾《かたむ》けていませんか？　速《はや》く走るためのフォームを身《み》につける前に、姿勢《しせい》をチェックします。

「正しく立つ」ことが走りの基本《きほん》！

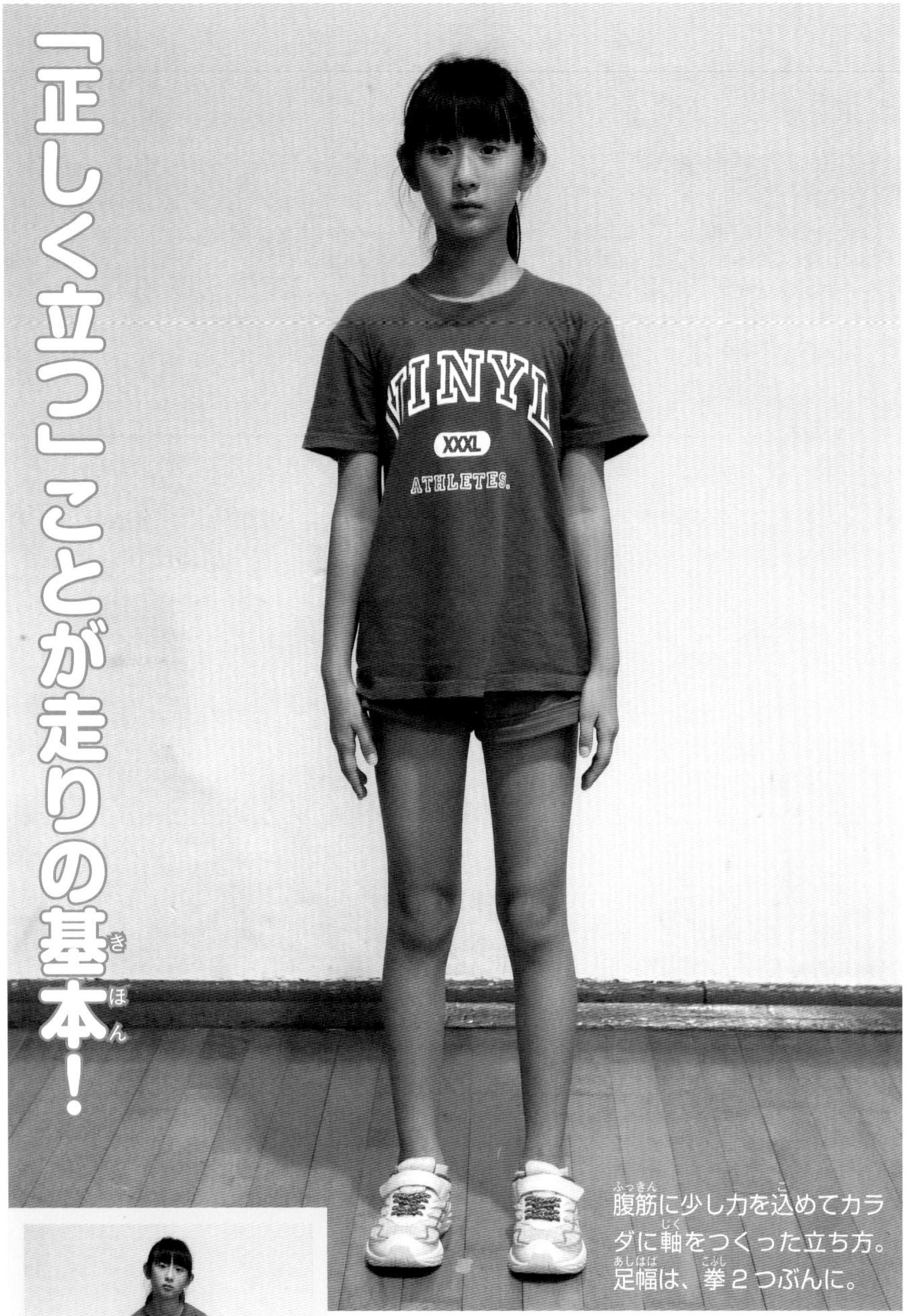

腹筋《ふっきん》に少し力を込《こ》めてカラダに軸《じく》をつくった立ち方。足幅《あしはば》は、拳《こぶし》2つぶんに。

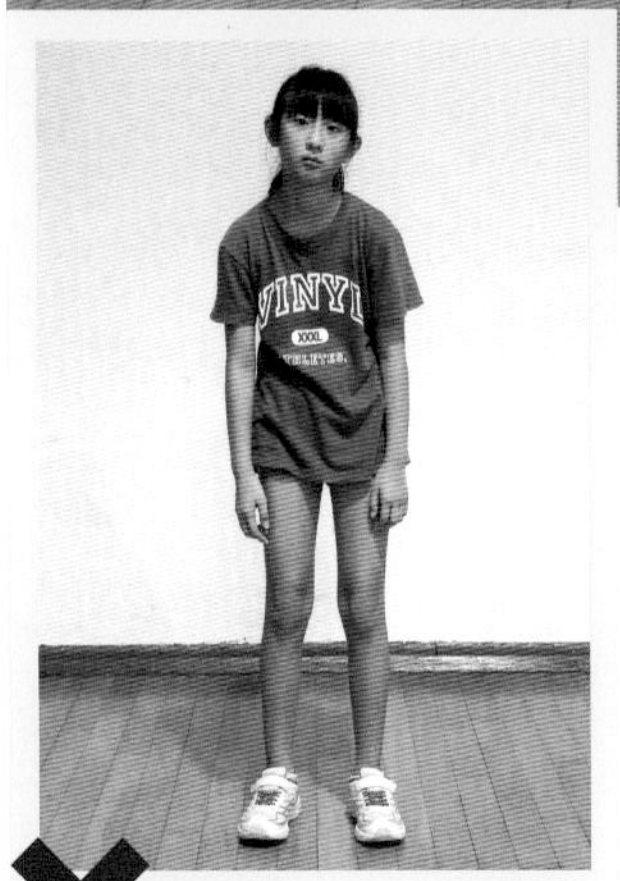

✕NG

肩《かた》が前に出て、腰《こし》が落《お》ちてしまっている。

POINT!

肩《かた》に力を入れるのではありません。意識《いしき》を置《お》く箇所《かしょ》は丹田《たんでん》（へその少し下）です。そして腹筋《ふっきん》に少し力を込《こ》めると肩《かた》の力が抜《ぬ》けリラックスした状態《じょうたい》がつくれます。また下を向《む》いてはいけません。視線《しせん》は正面《しょうめん》に向《む》けましょう。

片足《かたあし》でしっかりと立つ

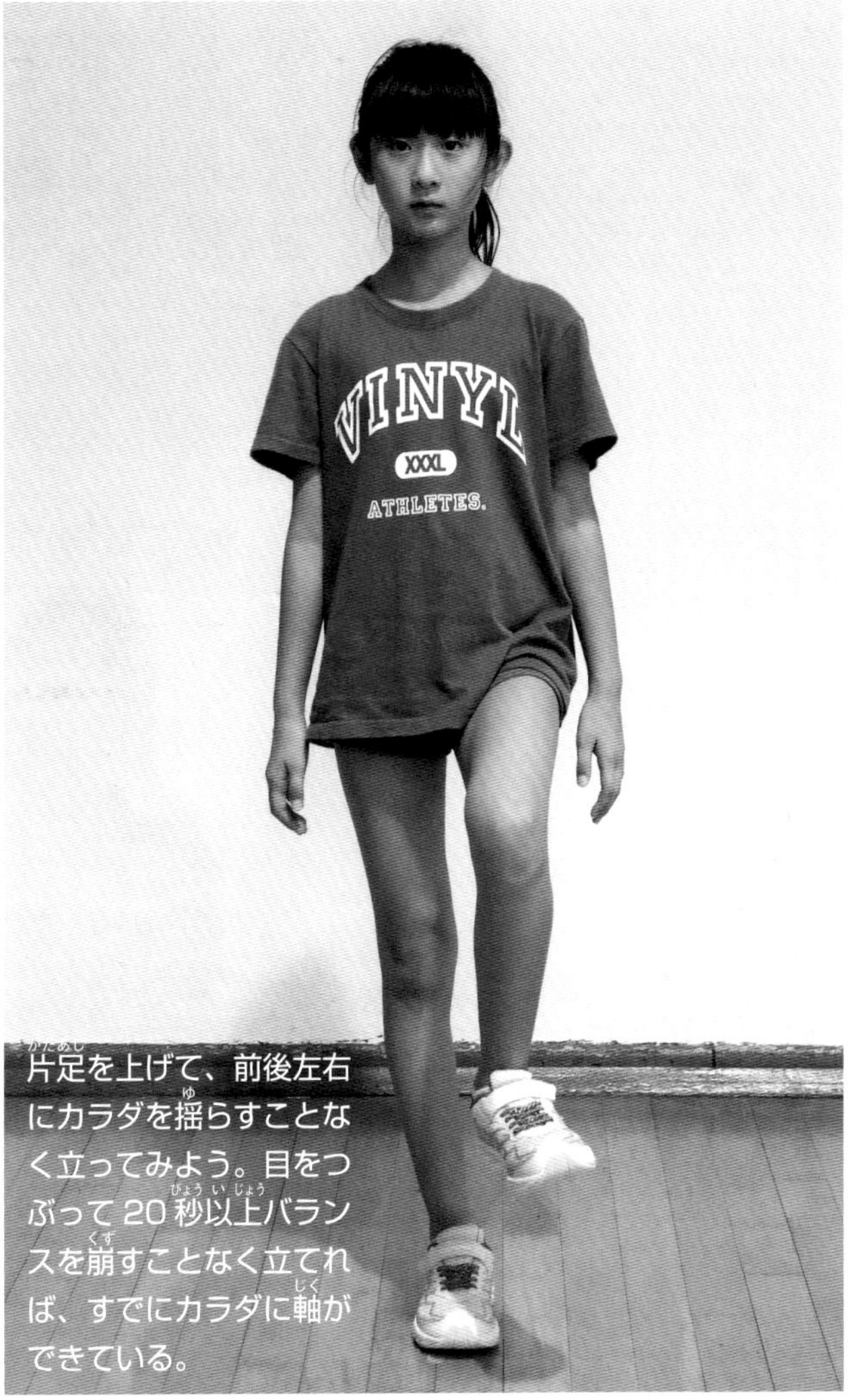

片足《かたあし》を上げて、前後左右にカラダを揺《ゆ》らすことなく立ってみよう。目をつぶって20秒以上《びょういじょう》バランスを崩《くず》すことなく立てれば、すでにカラダに軸《じく》ができている。

背中《せなか》のラインは真《ま》っすぐに。丸めたり、反《そ》らし過《す》ぎたりしてはいけない。

✕NG

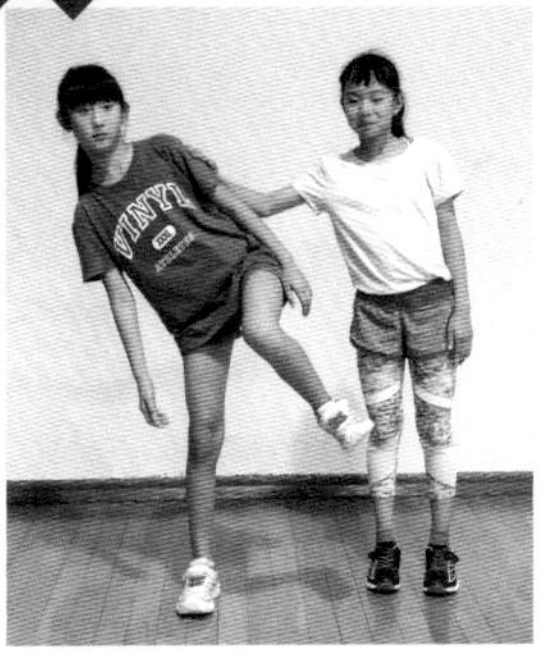

○OK

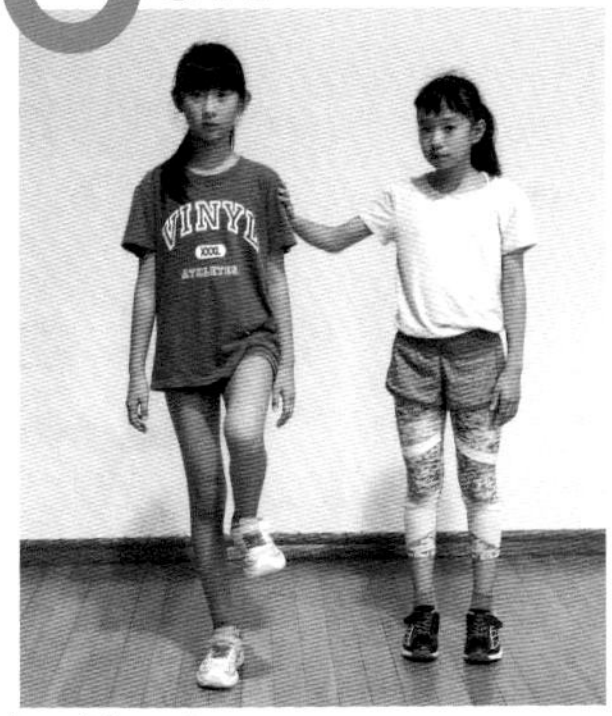

片足《かたあし》立ちをして、パートナーに肩《かた》を軽《かる》く押《お》してもらおう。それでもバランスを崩《くず》さないようにする。足ではなく腹筋《ふっきん》に意識《いしき》を置《お》くと、バランスを崩《くず》しにくい。

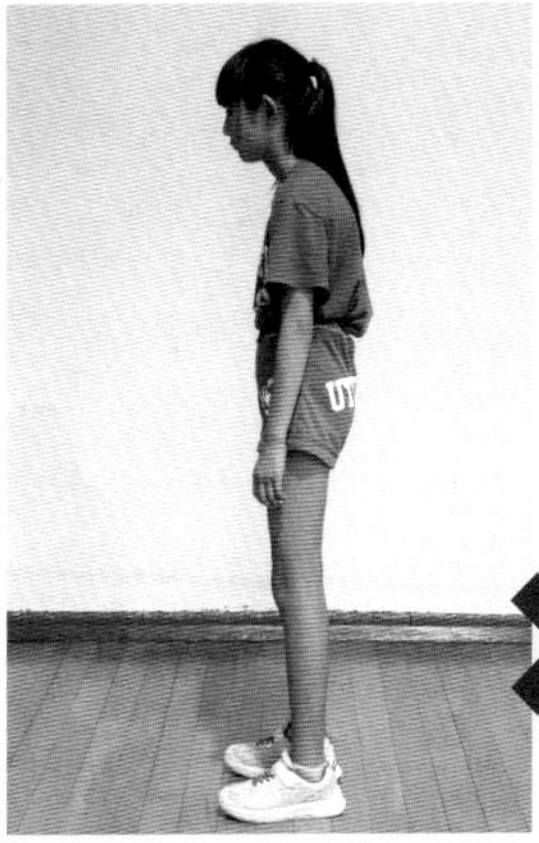

✕NG

下を向《む》いて背中《せなか》を丸めてしまっている。

トレーニング

2

〈走る!〉

「正しい歩き方」を身《み》につけよう!

背筋《せすじ》を伸《の》ばして、腕《うで》をしっかり引くことを意識《いしき》して歩く。これが「エクササイズウォーク」だ。肩《かた》の力は抜《ぬ》き、肩甲骨《けんこうこつ》の動《うご》きを意識《いしき》しながら繰《く》り返《かえ》しやってみよう。

速《はや》く走るためには、効率《こうりつ》よく前に進《すす》む「正しい歩き方」を身《み》につける必要《ひつよう》があります。ここでは、「エクササイズウォーク」と「日常《にちじょう》での歩き方」を紹介《しょうかい》します。いずれにも共通《きょうつう》するのは、視線《しせん》は正面《しょうめん》に向《む》け、胸《むね》を張《は》り、しっかりと腕《うで》を振《ふ》る(主《おも》に引く)こと。リラックスした姿勢《しせい》でリズミカルに歩いてみましょう。

POINT!

長時間歩き続《つづ》けると、筋肉痛《きんにくつう》にみまわれることがあります。もし、前太ももに極端《きょくたん》な張《は》りを感《かん》じたなら、それは正しい歩き方ができていない証《しょう》拠《こ》です。腰《こし》を落《お》とし、背中《せなか》を丸めて歩き続《つづ》けると、太ももに負担《ふたん》をかけ過《す》ぎてしまいます。

視線《しせん》は正面《しょうめん》に向《む》け、胸《むね》を張《は》って歩いてみよう

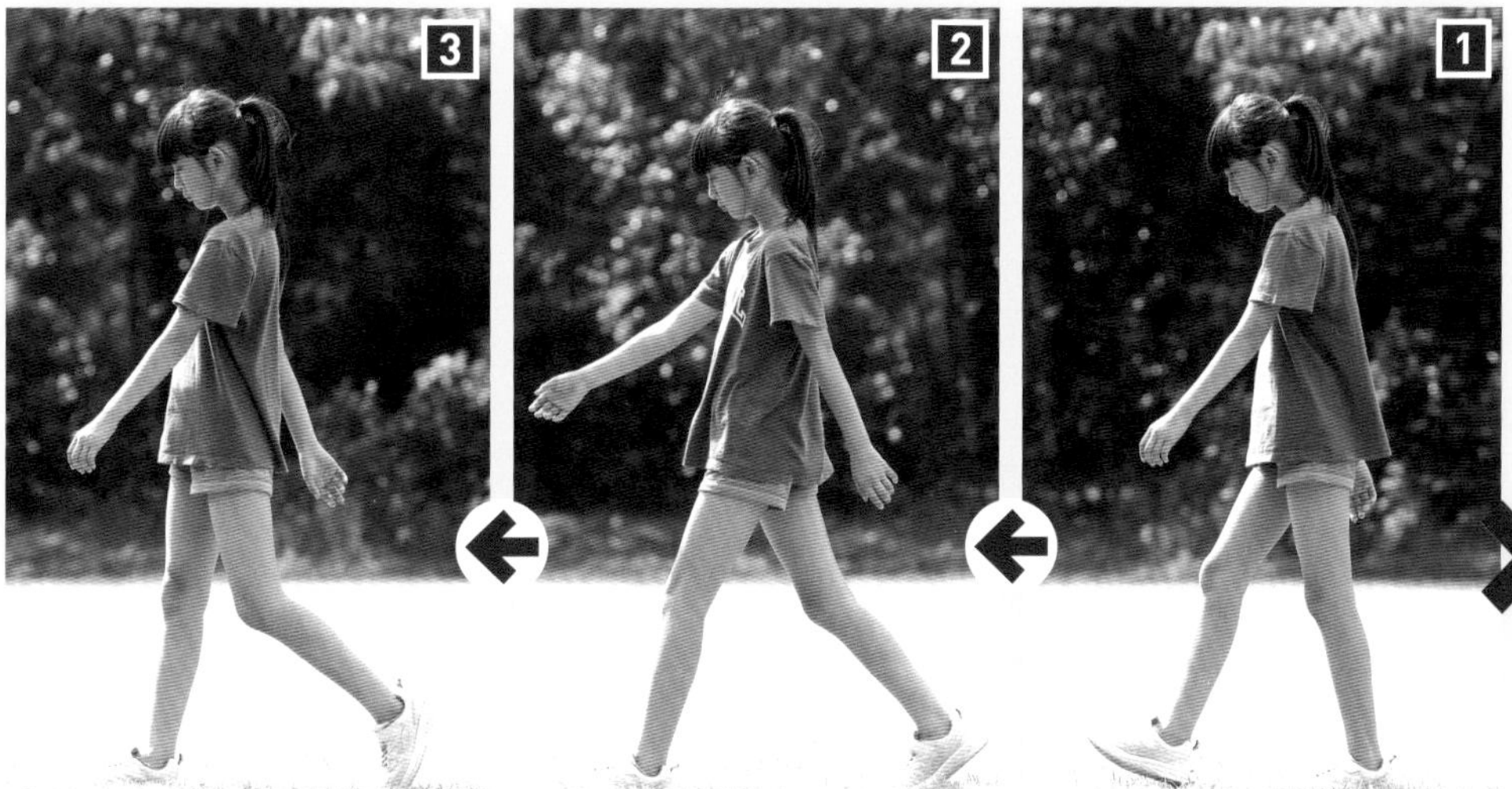

普段《ふだん》、道を歩く際《さい》には、ヒジを曲《ま》げて腕《うで》を引かなくても大丈夫《だいじょうぶ》。視線《しせん》を正面《しょうめん》に向《む》け、胸《むね》を張《は》り、姿勢《しせい》よく歩いてみよう。

✕NG

ただ腕《うで》を振《ふ》ればいいわけではない。下を向《む》いてしまうと、背中《せなか》が丸まり腰《こし》も落《お》ちてしまう。この歩き方では、速《はや》く走るためのフォームづくりにつなげることができない。

トレーニング

3

〈走る!〉

つま先は真《ま》っすぐ前に!

つま先を前に向《む》けると同時に、腕《うで》も左右ではなく前後に振《ふ》るように意識《いしき》しよう。

つま先は、真《ま》っすぐ前方に向《む》ける。「前へ、前へ」の意識《いしき》を持《も》ってヒザを振《ふ》り上《あ》げると、自然《しぜん》につま先の方向《ほうこう》が定《さだ》まる。

進《すす》む方向《ほうこう》にカラダを向《む》け、ムダな動《うご》きをなくす!

速《はや》く走るために、一生懸命《いっしょうけんめい》に腕《うで》を振《ふ》り、カラダを大きく動《うご》かします。それなのに速《はや》くは走れない人がいます。なぜでしょうか? それは、カラダを進《すす》むべき方向《ほうこう》に向《む》けていないからです。前へ進《すす》むのですから、横《よこ》や斜《なな》めへの動《うご》きはさまたげとなってしまいます。そのために、つま先が真《ま》っすぐ前方に向《む》いているかをチェックしておきましょう。

✖NG

ガニ股《また》になり過《す》ぎると、つま先が外側《そとがわ》に向《む》いてしまう。

✖NG

内股《うちまた》になり過《す》ぎると、つま先が内側《うちがわ》に向《む》いてしまう。

上手に腕《うで》を振《ふ》れば、カラダがスムースに前に進《すす》む！

トレーニング
4
〈走る！〉

腕《うで》を後ろにしっかりと引く

○OK

足《あし》を前後に大きく開《ひら》き、腕《うで》は引きを意識《いしき》しながら大きく振《ふ》る。視線《しせん》は正面《しょうめん》に向《む》けている。

×NG

足幅《あしはば》が小さく、腕《うで》が引けていない。下を向《む》いていて腰《こし》が落《お》ち、背中《せなか》が丸まってしまっている。

走る際《さい》に、なぜ腕《うで》を大きく振《ふ》る必要《ひつよう》があるのでしょうか？　それは、腕振《うでふ》りが推進《すいしん》力《りょく》（前に進《すす》む力）をもたらしてくれるからです。それでも、ただ単《たん》に、腕《うで》を大きく振《ふ》ればいいわけではありません。左右ではなく前後に、引きを意識《いしき》して振《ふ》ることが大切なのです。しっかりと腕《うで》を引けば、肩甲骨《けんこうこつ》が動《うご》き、スムースな走りが実現《じつげん》します。

トレーニング 5〈走る!〉

全力《ぜんりょく》を出すクセをつける！

「前へ、前へ」のイメージを持《も》って、大きな動《うご》きでカラダを目いっぱい弾《はず》ませる。

前へ前へとカラダを乗《の》り込《こ》ませて弾《はず》んで走る。視線《しせん》は正面《しょうめん》、あるいは正面《しょうめん》よりわずかに上に向《む》ける。

全《ぜん》力《りょく》を出す。これは、とても大切なことです。常日《つね》ごろから全力《ぜんりょく》を出していないと、いざという時に力を出すことができません。速《はや》く走るためにも、全力《ぜんりょく》でカラダを動《うご》かすクセを身《み》につけましょう。ここでは、細かなカラダの動《うご》きを考える必要《ひつよう》はありません。はずかしがらずに、自分の持《も》つ力を100パーセント出し切ります！

POINT!

全力《ぜんりょく》を出すと疲《つか》れる、もしあなたがそう考えているなら、大間違《おおまちが》いです。長い距離《きょり》を走らなくてもいいのです。30メートルでも、20メートルでもかまいません。全力《ぜんりょく》で駆《か》けてみましょう。「全力《ぜんりょく》を出すことは気持《きも》ちいい」。そう感《かん》じられるはずです。

大きく動《うご》いてカラダを弾《はず》ませる！

下を向《む》くと動《うご》きが小さくなってしまう！

✕NG

下を向《む》いて背中《せなか》を丸めてしまうとカラダの動《うご》きが小さくなってしまう。これでは、全力《ぜんりょく》が出せない。

上半身《じょうはんしん》を起《お》こして姿勢《しせい》を良《よ》くすれば、体幹《たいかん》の力を使《つか》ってカラダをスムースに前に運《はこ》ぶことができる。

トレーニング

6

〈走る!〉

上半身《じょうはんしん》を起《お》こす！ 胸《むね》を張《は》る！

速《はや》く走りたいと思って力んでしまうと、知らず知らずのうちに姿勢《しせい》が悪くなってしまうことがあります。上半身《じょうはんしん》を、しっかりと起《お》こすクセを身《み》につけましょう。胸《むね》を前方に突《つ》き出《だ》すようにして走るためのテクニックをここでは紹介《しょうかい》します。「ヒモゲーム」にトライしてみてください。

✕NG

上体が下に向《む》いてしまい背中《せなか》が丸まると、足の力だけに頼《たよ》ることになりスムースに前に進《すす》めない。

POINT!

運動会《うんどうかい》の徒競走《ときょうそう》でスタートラインに立った時、自分の胸《むね》とゴールテープを線でつなぐイメージを抱《いだ》いてみよう。すると、引《ひ》っ張《ば》られていくような感《かん》じで、上半身《じょうはんしん》を起《お》こした状態《じょうたい》を保《たも》ってスムースにカラダが動《うご》き、走り抜《ぬ》くことができる。

「ヒモゲーム」で胸《むね》を張《は》るクセをつける!

パートナーと向《む》き合《あ》って、両手《りょうて》で持《も》ったイメージ上のヒモを引《ひ》っ張《ぱ》ってもらう。すると自然《しぜん》に上半身《じょうはんしん》を起《お》こして動《うご》くクセが身《み》につく。ゆっくりと丁寧《ていねい》な動《うご》きで繰《く》り返《かえ》しやってみよう。

トレーニング 7 〈走る!〉

カラダを前傾《ぜんけい》させてから走る!

背中《せなか》を丸めず、ヒザを曲《ま》げずにカラダを前に倒《たお》していく

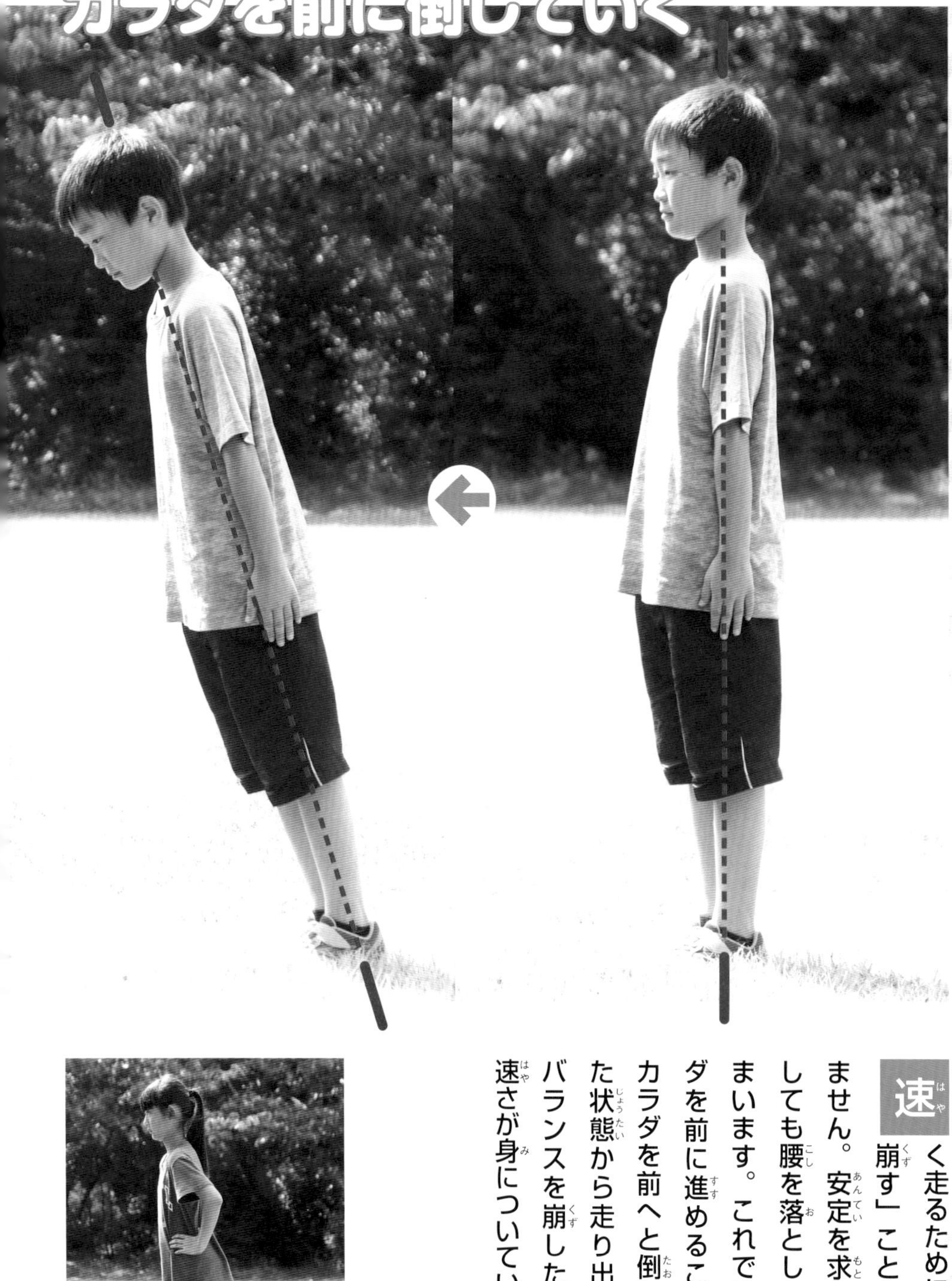

速《はや》く走るためには、「バランスを崩《くず》す」ことを怖《こわ》がってはいけません。安定《あんてい》を求《もと》め過《す》ぎると、どうしても腰《こし》を落《お》とした姿勢《しせい》になってしまいます。これでは、効率《こうりつ》よくカラダを前に進《すす》めることができません。カラダを前へと倒《たお》しバランスを崩《くず》した状態《じょうたい》から走り出してみましょう。バランスを崩《くず》した状態《じょうたい》に慣《な》れた時、速《はや》さが身《み》についているはずです。

OK

真《ま》っすぐに立ち、腹《ふっ》筋《きん》に少し力を込《こ》めた姿勢《しせい》からスタート。

背筋《せすじ》を伸《の》ばして真《ま》っすぐに立った姿勢《しせい》から上体を倒《たお》して、そのまま走り出す。すばやい足の回転《かいてん》も身《み》につけられる。

POINT!

腹筋《ふっきん》に力を込《こ》めて、肩《かた》や腕《うで》の力を抜《ぬ》いたリラックスした状態《じょうたい》から、カラダを棒状《ぼうじょう》にして前方へ倒《たお》していきます。背中《せなか》を丸めないように注意《ちゅうい》しましょう。なだらかな下《くだ》り坂《ざか》で行うと、カラダを乗《の》り込《こ》ませる感覚《かんかく》がつかみやすいです。

✕NG

上体を後ろに傾《かたむ》けて、ヒザを曲《ま》げた姿勢《しせい》からはスタートできない。

トレーニング 8 〈走る!〉

「長い距離《きょり》」をラクに走るために

肩《かた》の力を抜《ぬ》いたリラックス姿勢《しせい》を崩《くず》さずに走る。腕《うで》は低《ひく》い位置《いち》でしっかりと引こう。

✕NG

肩《かた》に力を入れて力んでしまってはいけない。腕《うで》は前に振《ふ》るのではなく、後ろに引くように心がけよう。

持《じ》久走《きゅうそう》を走る際《さい》に大切なことは、次《つぎ》の2つです。「腕《うで》を低《ひく》い位置《いち》で、しっかりと振《ふ》る」「上手に呼《こ》吸《きゅう》をしてリズムをつくる」。長い距《きょ》離《り》を走る＝苦《くる》しい。そんな風に思《おも》い込《こ》まないでください。テクニックを身《み》につければ、長い距離《きょり》をラクに走れます。

息《いき》を吐《は》くことを意識《いしき》し、「呼吸《こきゅう》」で一定《いってい》のリズムをつくる

一定《いってい》のリズムでの呼吸《こきゅう》を繰《く》り返《かえ》しながら走る。息《いき》を吐《は》くことに意識《いしき》を置《お》こう。息《いき》を吐《は》けば、その後に自然《しぜん》に息《いき》が吸《す》い込《こ》まれる。

足はカラダの真下《ました》に着地《ちゃくち》させよう。視線《しせん》は正面《しょうめん》に向《む》ける。

NG

視線《しせん》を下に向《む》けると背中《せなか》が丸まってしまい、足に過剰《かじょう》な負担《ふたん》がかかる。また、呼吸《こきゅう》も苦《くる》しくなる。

トレーニング

9

〈とぶ!〉

リラックスして高くジャンプ

カラダを弾《はず》ませて、高くとんでみましょう。まずはムダな力を抜《ぬ》きリラックスした状態《じょうたい》で真《ま》っすぐに立ち、真上《まうえ》にジャンプします。肩《かた》に力を入れ過《す》ぎていたり、背中《せなか》を丸めてしまったりしていては高くとべません。そしてこの時に、もっとも大切なのはイメージです。上に引き上げられるイメージを持《も》ってとぶと、自然《しぜん》にカラダが高く上がります。

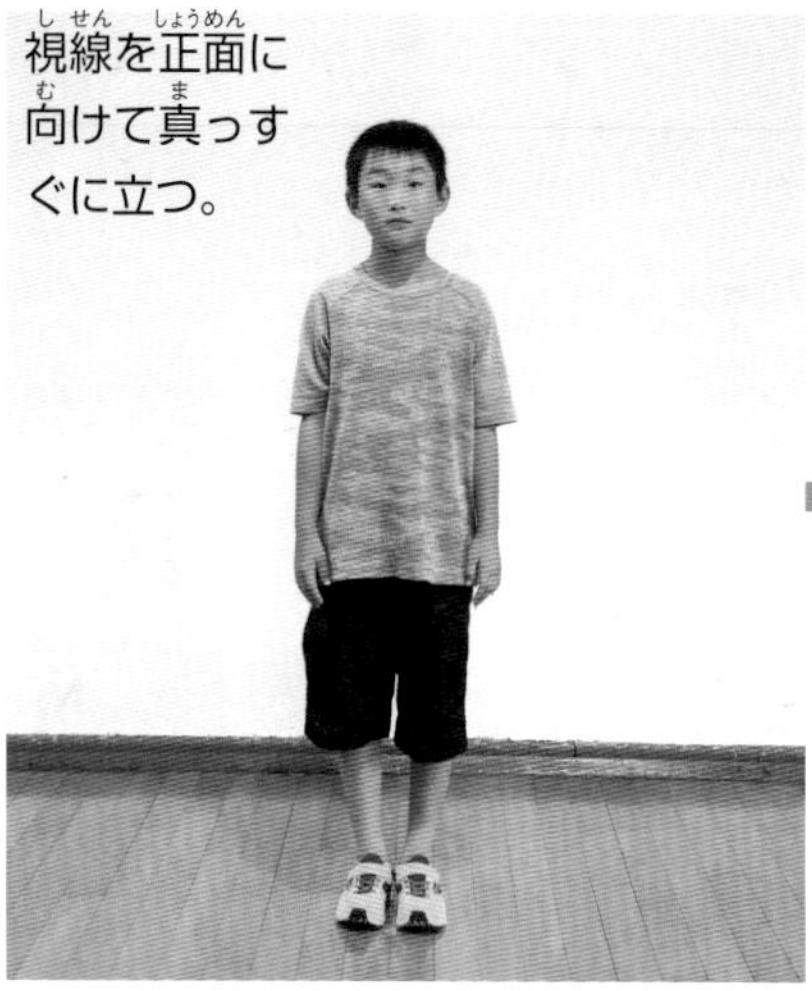

視線《しせん》を正面《しょうめん》に向《む》けて真《ま》っすぐに立つ。

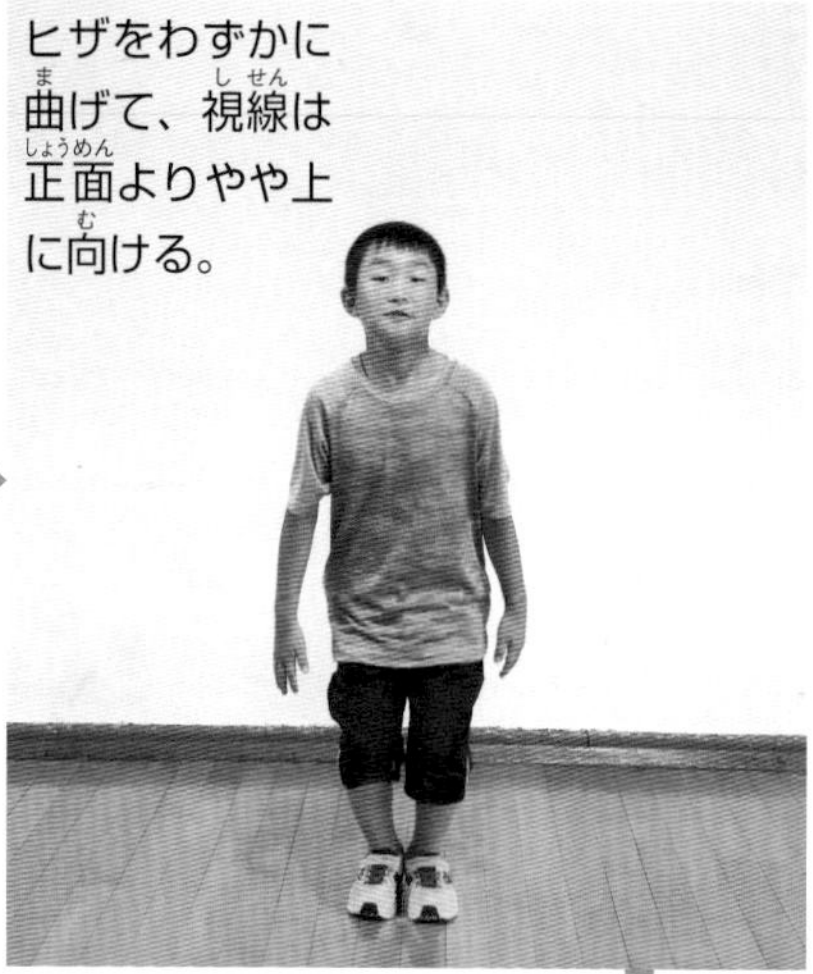

ヒザをわずかに曲《ま》げて、視線《しせん》は正面《しょうめん》よりやや上に向《む》ける。

頭のてっぺんにヒモをつけられて、天井《てんじょう》から引《ひ》っ張《ぱ》られるイメージでジャンプ！

頭のてっぺんを上に引《ひ》っ張《ぱ》られるイメージで！

真《ま》っすぐ上にカラダを弾《はず》ませる

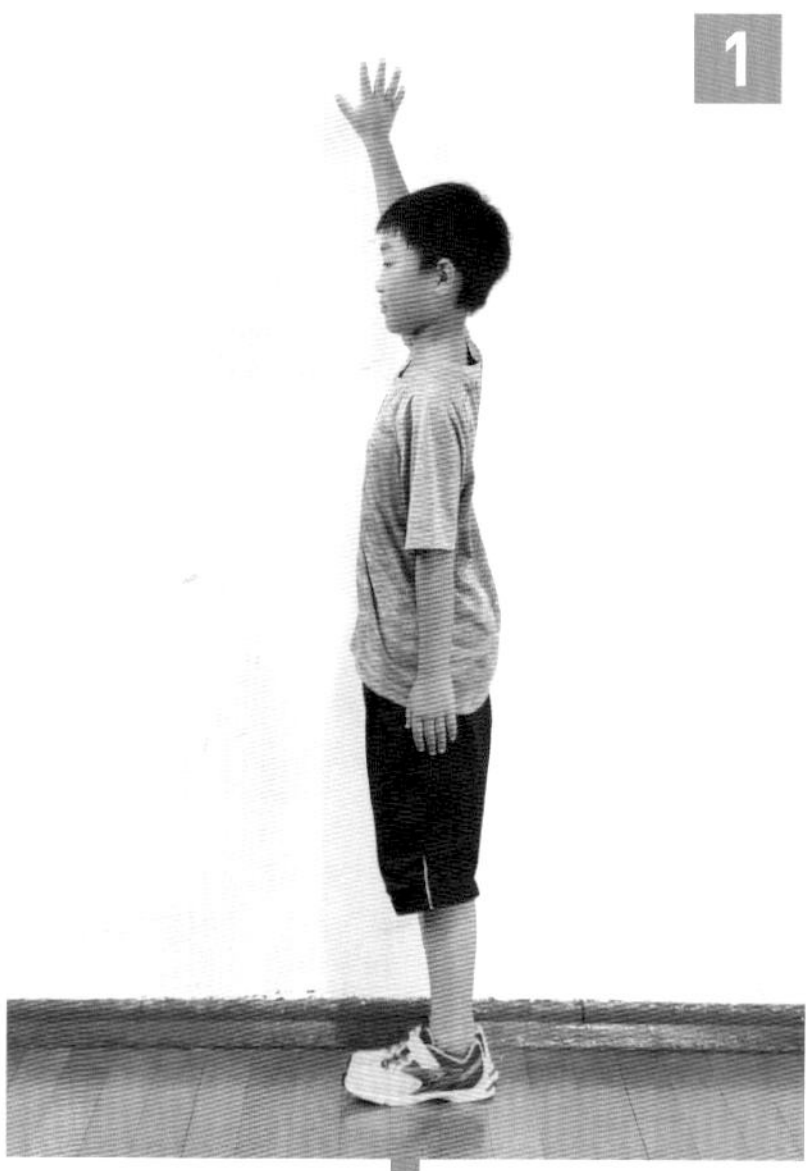

「垂直《すいちょく》とび」をやってみよう。1 片手《かたて》を壁《かべ》につけ、真《ま》っすぐに立つ。2 勢《いきお》いをつけるため両《りょう》ヒザをわずかに曲《ま》げる。3高くジャンプ！　頭のてっぺんからつり上げられるイメージを持《も》って弾《はず》むと記録《きろく》を伸《の》ばすことができる。

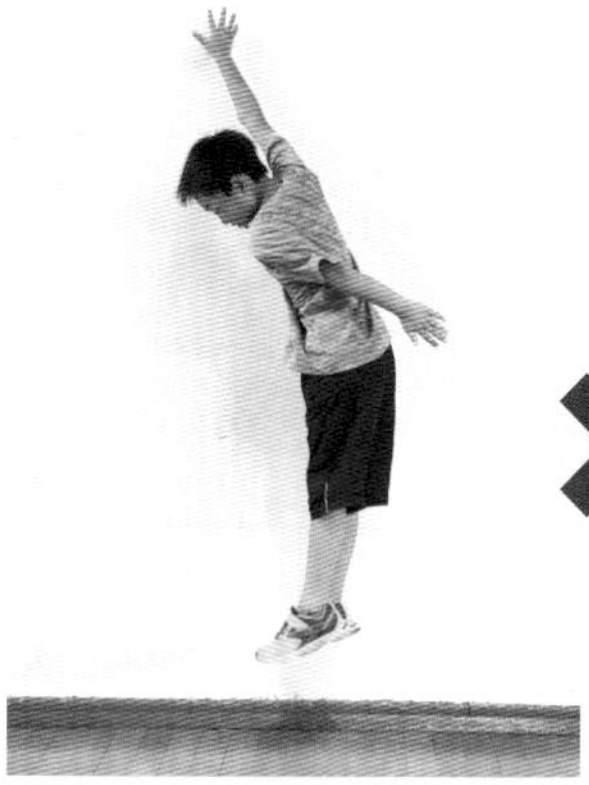

✕NG

肩《かた》に力を入れ過《す》ぎるとカラダが揺《ゆ》れ、高くとぶことができない。また、視線《しせん》を下に向《む》けてもいけない。

POINT!

細かなカラダの動《うご》きを考える必要《ひつよう》はありません。上へ上へと引《ひ》っ張《ぱ》られるイメージを持《も》てれば、自然《しぜん》にカラダの重心《じゅうしん》が上がっていきます。頭の中でイメージを上手につくることができれば、動《うご》きが大きく変《か》わるのです。

トレーニング
10
〈とぶ!〉

大きな動《うご》きで遠くへジャンプ

1 真《ま》っすぐに立つ。2 ヒザを曲《ま》げて重心《じゅうしん》を落《お》とし、両腕《りょううで》はヒジを伸《の》ばして後方に大きく引く。3 斜《なな》め上《うえ》に引《ひ》っ張《ぱ》られるようにジャンプ。4 視《し》線《せん》を正面《しょうめん》よりもわずかに上に向《む》けたまま、しっかりと胸《むね》を張《は》る。5 背中《せなか》は丸めずに着地《ちゃくち》。足は、できるだけ前に置《お》きたい。

×NG

視線《しせん》を下に向《む》けてしまうと、しっかりと胸《むね》を張《は》ることができない。

遠くへとぶためには、「大きな動《うご》きを心がけて、しっかりと弾《はず》む」ことが大切です。弾《はず》んだ後は胸《むね》を張《は》り、視線《しせん》は正面《しょうめん》よりもわずかに上に向《む》けましょう。空中では、上半身《じょうはんしん》の動《うご》きに意識《いしき》をはらい、カラダを前へ前へと乗《の》り込《こ》ませます。

空中で、しっかり胸《むね》を張《は》る！

視線《しせん》は斜《なな》め上《うえ》に向《む》け、胸《むね》を張《は》りカラダを大きく使《つか》う！

大きく両腕《りょううで》を振《ふ》り上《あ》げてカラダを反《そ》らせる。「遠くへ、遠くへ」のイメージを持《も》って、しっかりと胸《むね》を張《は》ろう。

カラダを弾《はず》ませる直前の姿勢《しせい》。両腕《りょううで》をしっかりと後方に引くことで、大きな動《うご》きが可能《かのう》になる。視線《しせん》は、斜《なな》め上《うえ》に！

POINT!

「腕《うで》をしっかりと振《ふ》って大きく動《うご》く」。「視線《しせん》は正面《しょうめん》よりもわずかに上に向《む》ける」。この２点が大切です。弾《はず》んだ後は胸《むね》を張《は》り、上へ上へとカラダが引《ひ》っ張《ぱ》られていくイメージを持《も》って動《うご》きましょう。

トレーニング

11

〈とぶ!〉

体幹《たいかん》の力を活《い》かして左右に弾《はず》む!

進《すす》む方向《ほうこう》にカラダを向《む》け、ムダな動《うご》きをなくす!

1 メートル間隔《かんかく》で3本のラインを引き、それらをまたいで左右にカラダを弾《はず》ませます。〈中央《ちゅうおう》〉→〈左〉→〈中《ちゅう》央《おう》〉→〈右〉→〈中央《ちゅうおう》〉……これで1回。20秒《びょう》間に何回できるか、トライしてみましょう。足の動《うご》きだけに頼《たよ》ってはスムースに動《うご》けません。体幹《たいかん》の力を上手に使《つか》い、カラダを左右に傾《かたむ》けます。

✕NG

足が棒立《ぼうだ》ちのままでは、体幹《たいかん》の力が活《い》かせず、すばやく動《うご》くことができない。

腹筋《ふっきん》に力を込《こ》めて カラダを左右に弾《はず》ませよう

1 中央《ちゅうおう》のラインをまたいで、真《ま》っすぐに立つ。肩《かた》の力を抜《ぬ》いたリラックスした状態《じょうたい》で。2 3 上半身《じょうはんしん》を傾《かたむ》けながら左右にスピーディに弾《はず》む。視線《しせん》は常《つね》に正面《しょうめん》に向《む》け、背中《せなか》は丸めない。

自分よりも上手にできる人の後ろで弾《はず》んでみる。動《うご》きをまねることができるので、自然《しぜん》に上達《じょうたつ》する。

向《む》かい合《あ》って左右に弾《はず》んでみる。視線《しせん》が正面《しょうめん》に向《む》いていることを確認《かくにん》でき、弾《はず》む姿勢《しせい》をチェックできる。

POINT!

足の力だけに頼《たよ》っても左右に動《うご》くことは、できてしまいます。でも、それではすばやい動《うご》きは身《み》につかず、回数を伸《の》ばすことはできません。体《たい》幹《かん》の力を活《い》かして上半身《じょうはんしん》を上手に傾《かたむ》け、姿勢《しせい》を崩《くず》すことなく動《うご》いてみましょう。

＼やってみよう！／

基礎《きそ》体力、運動能力《うんどうのうりょく》を養《やしな》うための体幹《たいかん》トレーニング

遊《あそ》び感覚《かんかく》で「体幹《たいかん》トレーニング」をやってみましょう！
日々、行うと徐々《じょじょ》に基礎《きそ》体力、運動能力《うんどうのうりょく》が身《み》につきます。
1 から順《じゅん》に、すべてをやらなくても大丈夫《だいじょうぶ》です。
興味《きょうみ》を持《も》ったものから、回数も特《とく》に気にせず始《はじ》めてください。
ただし、動作《どうさ》は丁寧《ていねい》に！

1 ラビット

両手《りょうて》と両足《りょうあし》を交互《こうご》に前へと進《すす》め、ウサギになった気分でカラダを弾《はず》ませましょう。これを繰《く》り返《かえ》し行うことで、全身《ぜんしん》の筋肉《きんにく》が活用され、また上半身《じょうはんしん》と下半身《かはんしん》の連動《れんどう》も身《み》につけられます。

両手《りょうて》両足《りょうあし》を床《ゆか》（地面《じめん》）につけ、ヒザは曲《ま》げた姿勢《しせい》からスタート。おしりを上げ過《す》ぎないように注意《ちゅうい》しながら前へ前へとリズミカルに弾《はず》む。

2 スキップ

カラダを弾《はず》ませながら前へと進《すす》む「スキップ」。つま先で床《ゆか》(地面《じめん》)を踏《ふ》み軽快《けいかい》に動《うご》きます。大きな動作《どうさ》を心がけましょう！

視線《しせん》は正面《しょうめん》に向《む》け腕《うで》は左右交互《こうご》に大きく振《ふ》る。カラダに軸《じく》をつくることが目的《もくてき》だ。下を向《む》き背中《せなか》を丸めた姿勢《しせい》で動《うご》くのはNG。

3 プライオメトリクスジャンプ

できるだけ高くジャンプし両腕《りょううで》を後方に引きます。しっかりと胸《むね》を張《は》り腹筋《ふっきん》に意識《いしき》を置《お》き弾《はず》みます。連続動作《れんぞくどうさ》で姿勢《しせい》を崩《くず》すことなくやってみましょう。

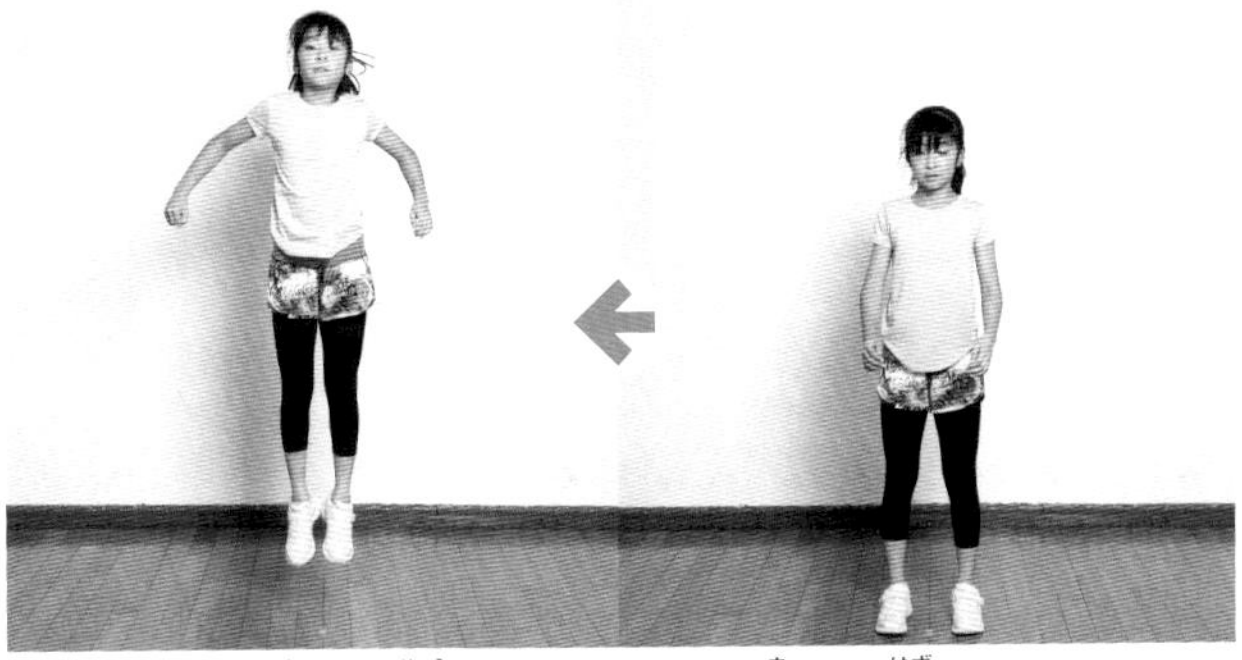

視線《しせん》は正面《しょうめん》に向《む》け、両《りょう》ヒザをわずかに曲《ま》げた弾《はず》める姿勢《しせい》から大きくからジャンプする。

〈横《よこ》から見ると……〉

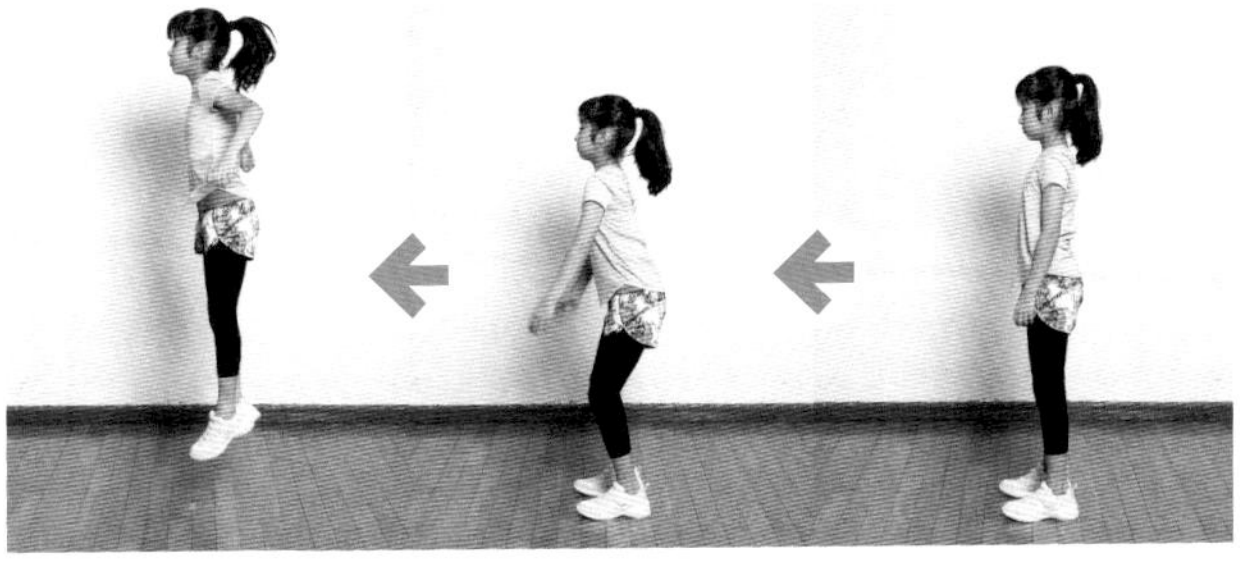

4 フラミンゴ

右ヒザを高く上げ、その姿勢《しせい》で静止《せいし》。フラミンゴになった気分でカラダに軸《じく》をつくりバランス感覚《かんかく》を養《やしな》っていきます。左右逆《ぎゃく》パターンもやってみましょう。

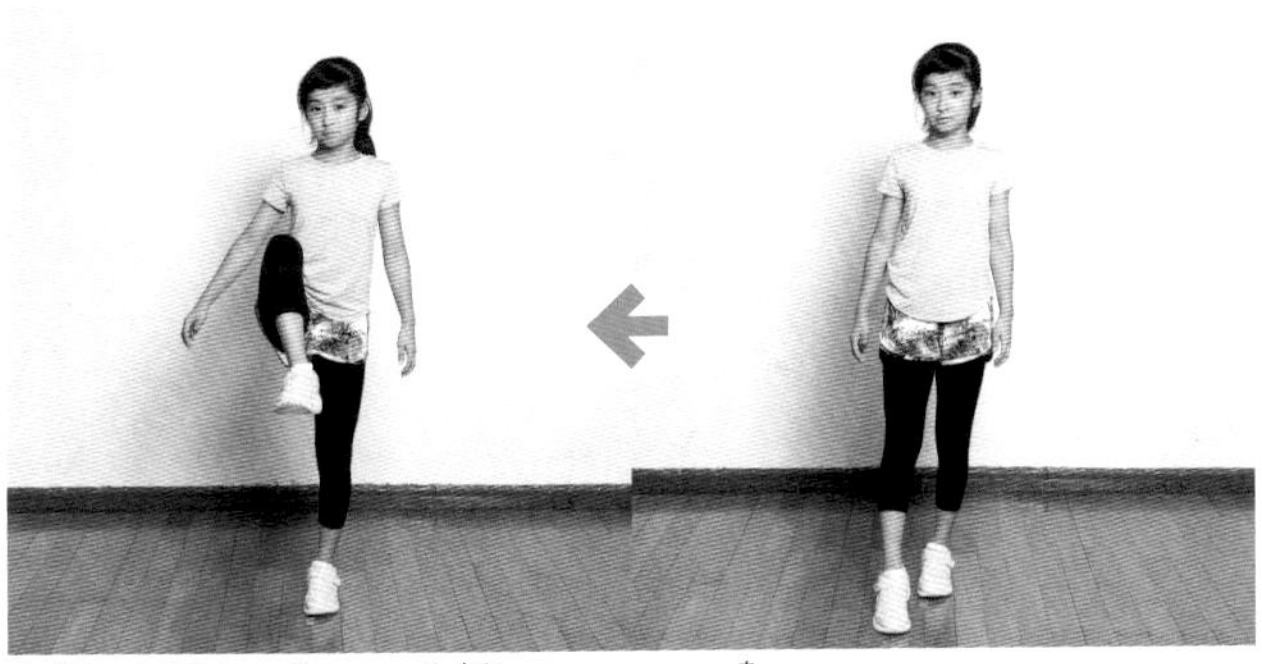

視線《しせん》は正面《しょうめん》に向《む》け、背中《せなか》のラインは真《ま》っすぐに。
両腕《りょううで》をわずかに左右に開《ひら》きバランスを保《たも》つ。

〈横《よこ》から見ると……〉

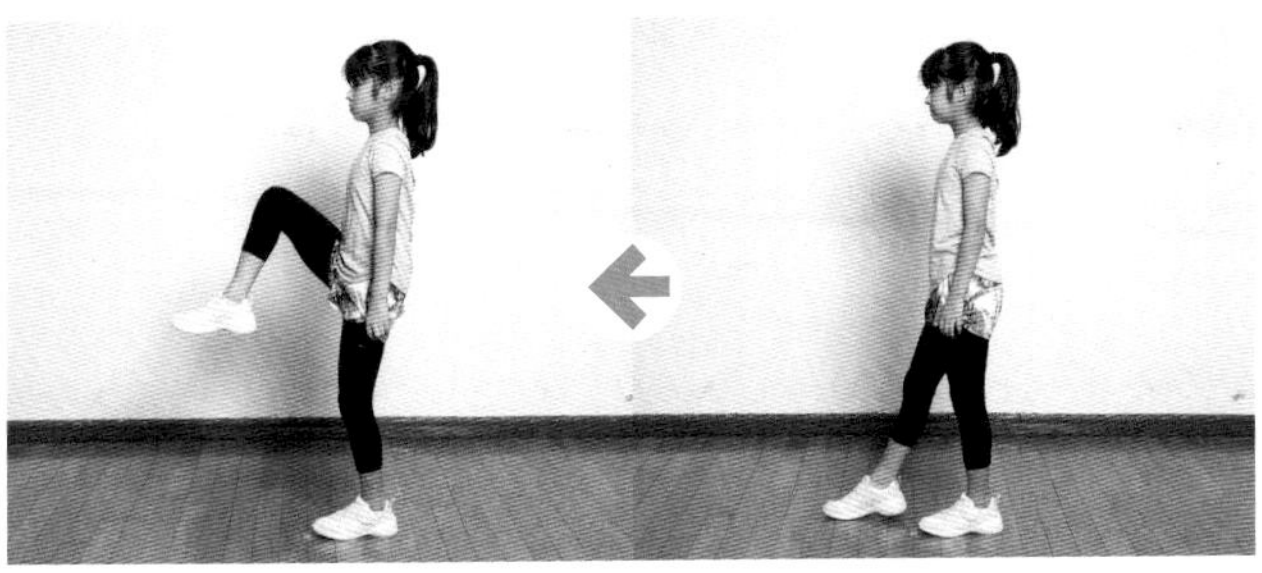

5 スーパーマン背筋《はいきん》

スーパーマンになった気分で、カラダの背面《はいめん》の筋肉《きんにく》を強化《きょうか》していきます。できる範囲《はんい》でカラダを反《そ》らしてみましょう。スポーツテスト「上体反《そ》らし」の記録《きろく》アップにもつながります。

うつ伏《ぶ》せになり、片腕《かたうで》を前方に伸《の》ばし、もう一方の腕《うで》はヒジを曲《ま》げて後方に引く。
この姿勢《しせい》から背中《せなか》に意識《いしき》を置《お》き、両腕《りょううで》、両足《りょうあし》を床《ゆか》から浮《う》かせる。

6 胸《むね》つけジャンプ

両《りょう》ヒザを胸《むね》に近づけるようにして、できるだけ高くジャンプします。視線《しせん》は正面《しょうめん》に向《む》け、背中《せなか》を丸めないようにして大きく弾《はず》みましょう。

〈横《よこ》から見ると……〉

両腕《りょううで》を約《やく》45度《ど》の角度《かくど》に広げバランスを保《たも》ちながらジャンプする。前のめりにならないように注意《ちゅうい》！

＼やってみよう！／

基礎体力《きそたいりょく》、運動能力《うんどうのうりょく》を養《やしな》うための体幹《たいかん》トレーニング

7 バンザイジャンプ

真《ま》っすぐに立った姿勢《しせい》から両手《りょうて》を高く上げ、ヒザを90度《ど》に曲《ま》げてできるだけ高くジャンプします。肩《かた》の力を抜《ぬ》き、腹筋《ふっきん》に少し力を込《こ》めてやってみましょう。

〈横《よこ》から見ると……〉

視線《しせん》は正面《しょうめん》に向《む》け、大きくカラダを動《うご》かそう。

8 ダッシュ

両手《りょうて》、両《りょう》ヒザ、両《りょう》つま先《さき》を床《ゆか》（地面《じめん》）に着《つ》けた姿勢《しせい》から一気に前方に動《うご》き出します。視線《しせん》は正面《しょうめん》に向《む》けましょう。この動《うご》きを繰《く》り返《かえ》し行うことで体幹力《たいかんりょく》、瞬発力《しゅんぱつりょく》が養《やしな》われます。

9 両手両足《りょうてりょうあし》スプラッシュ

両手両足《りょうてりょうあし》を床《ゆか》に着《つ》けた姿勢《しせい》から左腕《ひだりうで》、右腕《みぎうで》の順《じゅん》で前方に伸《の》ばします。その後、足を左右交互《こうご》に前へ踏《ふ》み出《だ》しましょう。背中《せなか》を丸めないように注意《ちゅうい》しながらリズミカルに動《うご》きます。

著／**近藤隆夫**(こんどう・たかお)

1967年1月生まれ、三重県松阪市出身。上智大学文学部在学中からスポーツ誌の記者となる。その後、専門誌の編集長を歴任し、海外生活を経てスポーツジャーナリストとして独立。プロスポーツから学校体育の現場まで幅広く取材・執筆活動を展開、テレビのコメンテーターとしても活躍している。『グレイシー一族の真実』（文藝春秋)、『プロレスが死んだ日。』(集英社インターナショナル)、『運動能力アップのコツ』『伝説のオリンピックランナー〝いだてん〟金栗四三』『柔道の父、体育の父 嘉納治五郎』（以上、汐文社）など著書多数。

協力／**前波卓也**(まえなみ・たくや)

1979年7月生まれ、茨城県出身。コンディショニングトレーナー。日本スケート連盟フィギュアスケート日本代表の強化トレーナーを務めた経験があり、ジュニア期のトレーニング指導には定評がある。『v - conditioning studio』主宰。著書に『1人でできるスポーツマッサージ&ストレッチ』（マイナビ）がある。

撮影	真崎貴夫
撮影モデル	黒澤舞夏
	小林里緒
	近藤一葉
	佐藤汰月
	佐藤瑠生
	徳山瑛太
	吉田真優
デザイン	平田治久
シューズ提供	アキレス株式会社
協力	四谷デッサン会
編集担当	門脇大

キミも運動ができるようになる

1 徒競走、幅とび、垂直とび ほか

2020年1月　初版第1刷発行

著	近藤隆夫
発行者	小安宏幸
発行所	株式会社汐文社
	〒102-0071
	東京都千代田区富士見1-6-1
	TEL 03-6862-5200　FAX 03-6862-5202
	https://www.choubunsha.com/
印　刷	新星社西川印刷株式会社
製　本	東京美術紙工協業組合

ISBN978-4-8113-2695-5